COMMÉMORATION

DES

VINGT-CINQ ANNÉES DE MANDAT

DE MM. LÉOPOLD BELLAN, CHAUSSE ET ERNEST GAY

CONSEILLERS MUNICIPAUX

PARIS

RAPHIE DE L'ÉCOLE MUNICIPALE ESTIENNE

18, Boulevard Auguste-Blanqui, 18

M CM XXI

COMMÉMORATION

DES

VINGT-CINQ ANNÉES DE MANDAT

DE

MM. LÉOPOLD BELLAN, CHAUSSE ET ERNEST GAY

CONSEILLERS MUNICIPAUX

COMMÉMORATION
DES VINGT-CINQ ANNÉES DE MANDAT

DE MM. LÉOPOLD BELLAN

CHAUSSE ET ERNEST GAY

CONSEILLERS MUNICIPAUX

PARIS

ÉCOLE MUNICIPALE ESTIENNE

MCMXXI

L A commémoration des vingt-cinq années de mandat de MM. Léopold Bellan, Chausse et Gay, conseillers municipaux, a eu lieu en présence de leurs collègues, le mercredi 14 mai 1919, à quatre heures, dans le cabinet du Président du Conseil municipal, à l'Hôtel de Ville.

Assistaient à cette cérémonie :

M. Chassaigne-Goyon, Président du Conseil municipal;

M. A. Autrand, Préfet de la Seine;

M. Raux, Préfet de police;

M. Levée, Vice-Président du Conseil général, remplaçant M. le Président Louis Peuch, absent de Paris;

MM. Adolphe Chérioux, Henri Rousselle, Louis Rollin, Vice-Présidents ; Le Corbeiller, Georges Pointel, Georges Lemarchand, Fiancette, Secrétaires du Conseil municipal;

MM. Alpy, Alfred Lallement, Vendrin, Vice-Présidents ; Aucoc, Brisson, Guibourg, Jean Morin, Secrétaires du Conseil général ;

M. André Gent, syndic des deux Conseils ;

MM. L. Achille, d'Andigné, Bécret, Frédéric Brunet, César Caire, Calmels, Louis Dausset, Delavenne, Delpech, Deslandres, Émile Desvaux, Deville, Dherbécourt, Dormoy, Duval-Arnould, Evain, Georges Fiant, Paul Fleurot, Froment-Meurice, Henri Galli, Grangier, Marcel Habert, Hénaffe, Jousselin, Louis Lajarrige, Lalou, Lampué, Le Menuet, Alphonse Loyau, Emile Massard, Tony Michaud, Navarre, Adrien Oudin, Etienne Oudin, Paris, André Payer, Petitjean, Poiry, de Puymaigre, Maurice Quentin, Rebeillard, Reisz, Ambroise Rendu, Barthélemy Robaglia, Louis Sellier, Jean Varenne, Paul Virot, conseillers municipaux ;

MM. Bachelet, Boursier, Pierre Cherest, Fontaine, Hémard, Marin, Marquez, Mayer, Mayéras, Molinié, Philippe, Poisson, Henri Sellier, conseillers généraux ;

M. Aubanel, Secrétaire général de la Préfecture de la Seine ;

M. Paoli, Secrétaire général de la Préfecture de police ;

Les Directeurs de l'Administration préfectorale ;

Les représentants de la Presse accrédités au Conseil municipal.

DISCOURS DE M. CHASSAIGNE-GOYON

Président du Conseil municipal.

Mes chers collègues,

Parmi les privilèges que confèrent à votre Président les fonctions qu'il doit à votre confiance, il n'en est pas de plus agréable que celui qui lui échoit aujourd'hui d'offrir, avec vos félicitations et vos vœux, une médaille commémorative de leurs vingt-cinq années de mandat à trois des membres les plus aimés et les plus respectés de notre Assemblée municipale.

La tâche m'est d'autant plus douce qu'en dehors des sentiments d'estime et de sympathie que je partage à leur égard avec vous tous, mes chers collègues, je suis lié avec l'un par une amitié vieille de près de quarante ans, avec les deux autres, non seulement par la solidarité de ce mandat présidentiel que j'ai rempli après eux et où j'ai tâché de m'inspirer de leur exemple, mais encore par la communauté d'un deuil pareillement cruel, puisque nous avons eu tous les trois le douloureux honneur de donner un fils à la Patrie.

Vingt-cinq ans de mandat, messieurs ! Je sais bien que les électeurs parisiens sont renommés pour leur constance, mais si c'est déjà un mérite de vivre longtemps, c'en est tout de même un autre et d'un autre ordre d'avoir su conserver tout le long d'un quart de siècle l'affectueuse fidélité de Français et de Parisiens à l'œil prompt, à l'esprit vif, au jugement solide. Cette médaille des vingt-cinq ans, c'est une manière de prix d'excellence, et si je consi-

5

dère la carrière municipale de nos trois collègues je constate avec vous, messieurs, que jamais prix ne fut mieux mérité. *(Vifs applaudissements.)*

Mon cher Bellan, votre seule présence communique l'optimisme, et ce n'est pas un mince éloge que je fais de vous. Votre bonhomie souriante, votre aimable rondeur dérident les fronts les plus moroses, mais à mesure qu'on vous connaît mieux on découvre que la solidité du fond répond à l'agrément de la forme et qu'au service d'une très grande bonté vous savez mettre une volonté très souple et très tenace. Votre cerveau est en perpétuel bouillonnement d'idées généreuses, et chez vous l'exécution suit de très près la conception ; vous êtes le plus pratique des idéalistes.

C'est vous qui avez doté le Conseil municipal de cette Société de secours mutuels qui a adouci tant de souffrances et prévenu tant de misères. Investi à diverses reprises des fonctions de syndic, vous avez donné aux fêtes et aux réceptions de la Municipalité un éclat dont tous vos collègues ont gardé le souvenir. Au cours de votre présidence exceptionnellement brillante et marquée par tant d'illustres visites, vous avez fait les honneurs de la Maison commune avec une chaude éloquence, la bonne grâce la plus affable et la plus parfaite dignité. *(Applaudissements.)*

Démocrate passionné, mais bien résolu, suivant vos propres paroles, à être l'homme de tous, et non pas l'esclave d'une secte, vous vous êtes consacré d'une part aux questions économiques dont vous avez une expérience personnelle approfondie, d'autre part aux problèmes de l'enseignement dont vous aviez dès longtemps discerné l'importance vitale dans un régime qui repose sur la libre volonté des citoyens. Mais votre activité débordante n'a pas tardé à se trouver à l'étroit dans le cadre de notre vie municipale ; pour donner à vos conceptions éducatrices la sanction de l'expérience, vous avez fondé cette Société d'enseignement moderne qui, par la tournure réaliste de ses leçons, a obtenu un succès si rapide et exercé une action si heureuse sur l'esprit public. Et telle était l'âme de fraternité que vous avez su insuffler à votre œuvre qu'elle s'est trouvée prête à répondre aux nécessités créées par la guerre et qu'on l'a vue donner naissance, ici à un orphelinat de fillettes, là à un orphelinat horticole, ailleurs à une clinique pour soldats mutilés et ouvrières blessées ou malades, ailleurs encore à une société de préparation militaire, bientôt peut-être à une école de plein air pour les enfants anémiés ou chétifs.

Mon cher Bellan, vous avez bien mérité de la Cité et de la Patrie. Recevez cette médaille comme un faible témoignage de notre amitié et de notre gratitude. *(Vifs applaudissements.)*

Mon cher Chausse, vous êtes de ceux qui sont arrivés ici avec les opinions les plus tranchées et qui devaient par suite y compter le plus d'adversaires. Mais ceux mêmes qui sont le plus éloignés de vos idées se plaisent à rendre hommage à la générosité de vos inspirations et à la droiture de votre caractère. Vous êtes un homme de doctrine et vous ne transigez jamais avec ce qui vous paraît vrai et bon. Nous vous en estimons d'autant plus que votre hostilité, lorsqu'elle se manifeste, ne s'adresse jamais à des personnes, mais à des principes ; vous nous le prouvez dans vos rapports quotidiens avec nous tous, empreints de la plus cordiale courtoisie, vous nous l'avez prouvé mieux encore en dirigeant nos débats du haut du fauteuil présidentiel avec l'impartialité la plus ferme et la plus sereine.

Votre apparence un peu froide recouvre une ardente passion pour la justice, un amour profond pour les déshérités de la vie. *(Applaudissements.)*

Membre et vice-président de la 4ᵉ Commission du Conseil municipal, membre et vice-président de la 3ᵉ Commission du Conseil général, vous avez fait porter l'essentiel de votre effort sur les problèmes de l'enseignement professionnel, de l'organisation du travail et de l'assistance. Fournir largement aux plus pauvres les moyens de s'élever par leur labeur et par leur intelligence, aider les malheureux à supporter le sort contraire, telles ont été les directives constantes de votre activité. Votre robuste bon sens, votre lumineuse conscience ont jeté souvent dans nos discussions les plus précieuses clartés, et les avis que vous suggère votre longue expérience sont toujours écoutés avec déférence par tous vos collègues.

Recevez cette médaille comme un faible témoignage de notre amitié et de notre gratitude. *(Vifs applaudissements.)*

Mon cher Gay, je vous connaissais, nous étions amis, bien avant que vous entriez à l'Hôtel de Ville. J'appréciais votre belle et brusque franchise, votre parfaite loyauté et ce cœur d'or que vous cachez jalousement sous un abord volontiers bourru ; je savais l'ardeur de vos sentiments patriotiques et combien vous aviez fait vaillamment votre devoir en 1870, comme lieutenant aux mobiles de la Dordogne ; je savais votre amour, votre culte pour cette Ville de Paris où vous aviez si vite conquis, par votre travail et votre talent, une notoriété légitime, sanctionnée par le plus précieux des suffrages, un prix décerné par l'Académie française à votre ouvrage sur la guerre de 1870. Tous vos amis voyaient en vous l'étoffe d'un parfait conseiller municipal de Paris, et l'événement a répondu à leur attente.

Vous vous êtes dévoué à votre mandat jusqu'à vous identifier avec lui. Non content de veiller avec un soin diligent aux intérêts de votre quartier, vous avez pris une part active aux travaux de la 4ᵉ Commission dont vous avez été souvent le rapporteur éloquent, averti et écouté ; vous vous êtes fait l'historiographe attentif et minutieux de notre Assemblée, et la galerie de portraits à la fois exacts et sympathiques que vous n'avez cessé de tenir à jour constitue le plus précieux répertoire de documents et de souvenirs. Profondément sensible à tout ce que comporte d'insigne honneur et de haute dignité le mandat d'élu de Paris, vous n'avez pas laissé passer une occasion de revendiquer énergiquement pour le Conseil municipal et pour l'admirable population qu'il a l'honneur de représenter, sinon l'autonomie complète, du moins les larges franchises bien dues à la maturité, à la fermeté, à la sagesse dont ils ont donné tant de preuves. *(Applaudissements.)*

Au cours des fonctions de Syndic que vous avez remplies à plusieurs reprises avec autant de distinction que d'éclat, vous avez multiplié les innovations agréables ou utiles et, pour n'en citer qu'une, c'est à vous que nous devons notre Livre d'or, incomparable collection de signatures illustres ; vous avez conduit et mené à bonne fin maintes négociations délicates et, passionnément désireux de servir la Patrie en même temps que la Cité, vous vous êtes fait le fervent apôtre de cet échange de sympathies entre municipalités qui, nous avons la faiblesse de le croire, n'a pas médiocrement contribué à dissiper les malentendus ou les préjugés dont l'ombre, jusque chez nos meilleurs amis, obscurcissait le rayonnant visage de la France. Depuis quelques semaines, mon cher Gay, relevant à peine d'une opération et à la veille d'une autre, vous nous donnez cette preuve suprême d'attachement à vos devoirs et à vos affections d'être parmi les plus assidus à nos travaux. Recevez cette médaille comme un faible témoignage de notre amitié et de notre gratitude. *(Vifs applaudissements.)*

Mes chers collègues, de telles cérémonies, intimes, familières et cordiales, ne valent pas seulement par l'occasion qu'elles nous donnent de libérer nos sentiments ; elles valent comme signe et symbole d'un certain esprit d'union qui est une des plus nobles traditions de notre famille municipale.

Bien avant que les tragiques angoisses de la grande guerre eussent fait éclater à tous les yeux, en la revêtant d'un signe mystique, l'impérieuse nécessité de l'union de tous les Français, nous avons pratiqué ici cette concorde indispensable. *(Très bien !)*

Divisés sur bien des points de fait, d'idéal et de méthode, nous avons pu croire parfois, dans l'entraînement de la lutte, à des scissions irréparables ; mais dès que quelque intérêt essentiel de Paris ou de la France était en jeu, nous nous retrouvions merveilleusement d'accord ; et lorsque le malheur s'abattait sur quelqu'un de nous, ou aussi bien lorsque la fortune souriait à quelque autre, nous n'étions plus qu'un seul cœur et une seule âme pour nous réjouir avec celui-ci et pleurer avec celui-là.

C'est cet esprit d'union, messieurs, qui nous a permis de surmonter les pires difficultés de ces quatre ans de guerre ; c'est lui qui nous permettra de résoudre les multiples, les immenses problèmes que nous apporte la paix. Car si glorieuse qu'elle soit, la victoire que nous devons à l'héroïsme de nos soldats, au génie de leurs chefs, à la magnifique tenue de notre population civile, nous laisse en présence d'innombrables causes d'irritation et de souffrance qu'il ne serait que trop aisé d'envenimer et que tout Français digne de ce nom doit s'employer de son mieux à apaiser et à adoucir. *(Très bien!)*

Pour l'accomplissement de cette grande tâche, messieurs, que la volonté d'union sacrée qui fut toujours la nôtre continue de nous assister et de nous conduire, et qu'elle puise dans cette fête de l'amitié un renouveau de fermeté, de résolution et d'ardeur. *(Applaudissements répétés.)*

DISCOURS DE M. A. AUTRAND
Préfet de la Seine.

I je ne considérais que la date de mon arrivée à l'Hôtel de Ville comme Préfet de la Seine, j'aurais quelque scrupule à prendre la parole. Je me dirais qu'un an passé dans la famille municipale ne me confère pas une qualité suffisante pour intervenir dans la commémoration du mandat de trois de ses membres qui en font partie depuis un quart de siècle. Mais, en la circonstance, je demande qu'il me soit tenu compte des années que j'ai antérieurement vécu au milieu de vous dans une fonction qui me mêlait à votre existence et à vos travaux. Sans doute, à calculer de la sorte mes états de service, je ne puis réclamer, pour moi-même, la médaille jubilaire. C'est un honneur auquel il me sera, hélas ! défendu de prétendre. Mais je me trouve autorisé, comme un témoin déjà ancien de leur longue et belle carrière, à exprimer toute mon affectueuse estime à ceux que nous fêtons ensemble aujourd'hui.

Mon cher monsieur Bellan, mon cher monsieur Chausse, mon cher monsieur Gay, tels je vous avais connus, lors de mon premier passage dans l'Administration parisienne, tels je vous ai retrouvés en y rentrant : serviteurs dévoués de la chose publique ; ne recherchant, dans l'accomplissement d'un mandat lourd et absorbant entre tous, que la satisfaction de remplir votre devoir ; sans cesse en éveil pour défendre non seulement les intérêts de vos commettants, mais aussi ceux de la capitale tout entière. Dès le premier jour, vous avez résolu d'être des représentants de Paris dans la plus haute acception du terme. Vous n'avez jamais rétréci votre horizon aux limites des quartiers qui vous avaient élus. Vous vous êtes consacrés avec fidélité au service de la Cité dont vous étiez les enfants de naissance ou d'adoption.

Le suffrage universel vous a payés de retour, en dépit de la réputation d'ingratitude que des candidats malheureux ont pu lui faire. L'enchaînement significatif de vos réélections successives a montré que le public parisien n'est pas si frivole et qu'il rend justice au mérite. La confiance que vous avaient témoignée les pères vous a été continuée par les fils, en attendant que vos mandats soient renouvelés par une génération d'électeurs plus jeune encore. *(Applaudissements.)*

Vous avez, d'autre part, trouvé dans l'Assemblée, où vous reveniez siéger après chaque consultation du corps électoral, des preuves de l'amicale estime où vous tenaient vos collègues. Tous trois, vous avez été honorés, à une étape de votre existence édilitaire, d'une charge dont le souvenir flatteur embellit encore votre carrière.

Vous voici réunis pour recevoir simultanément un hommage qui va aux représentants de trois quartiers dont le caractère respectif est bien différent. Le Mail est comme le réduit central du négoce parisien. Sainte-Marguerite, c'est la région habitée par une laborieuse population qui a donné au faubourg Saint-Antoine son cachet séculaire. La Porte-Dauphine, enfin, c'est le quartier des élégances, agréablement encadré par la verdure du bois de Boulogne. Voilà bien comme la gamme et la synthèse des différentes parties du peuple parisien ! Mais, pour complexe qu'il soit, ce peuple n'a qu'une sensibilité et un cerveau. Et toutes les catégories sociales que vous représentez, messieurs, c'est-à-dire les commerçants, les ouvriers, les bourgeois, sont intimement reliées par la communauté de l'esprit et du cœur.

Cette même communauté, si réconfortante, nous en éprouvons, à l'Hôtel de Ville, la douceur et la force. A travers les inévitables divergences d'opinions sur des points secondaires, elle existe entre tous les membres de l'Assemblée sur les sujets essentiels, lorsqu'il s'agit de travailler pour la prospérité et la gloire de Paris.

Elle existe aussi entre les élus et les représentants de l'Administration, animés les uns et les autres d'une égale bonne volonté, d'un semblable désir de faire œuvre utile pour la Cité.

Pour moi, en particulier, c'est une satisfaction très vive de pouvoir souligner la persistance de cette union qui a été scellée entre le Préfet de la Seine et le Conseil municipal en une période bien sombre et qui est demeurée aussi parfaite qu'au premier jour. Et je me félicite de l'occasion qui m'est offerte par cette réunion où s'expriment nos sentiments d'amitié envers trois des membres les plus respectés de votre Assemblée, d'affirmer, à nouveau, le pacte de cordialité et de bonne entente conclu entre l'Administration préfectorale et le Conseil municipal, pour le plus grand profit de notre cher et glorieux Paris. *(Applaudissements répétés.)*

DISCOURS DE M. RAUX

Préfet de Police.

Messieurs,

Permettez-moi, tout d'abord, de m'excuser si j'interromps la théorie des orateurs que vous avez applaudis. Je n'étais pas venu avec l'intention de prendre la parole et il ne me reste pas beaucoup à dire après les éloquents discours que vous venez d'entendre.

M. le Président du Conseil municipal, qui a parlé au nom de l'Assemblée, a traduit avec éloquence et avec esprit les sentiments d'estime et d'affection qu'elle a pour vous et il a su trouver, pour fêter vos vingt-cinq ans de mandat, le langage le plus émouvant, celui qu'inspirent le cœur et la communauté des souvenirs. Mon collègue, M. le Préfet de la Seine, au nom de l'Administration, a rappelé tout ce que vous avez fait pour notre Cité et a rendu à votre collaboration l'hommage qui lui était dû.

Mais, puisque je vois, réuni ici, le Conseil municipal tout entier, je ne puis résister au désir et au plaisir que j'ai de vous exprimer ma gratitude pour l'intérêt que vous m'avez témoigné en toutes circonstances. Je garde, profond et durable, le souvenir de l'accueil que j'ai reçu au milieu de vous et je suis heureux de l'occasion qui m'est offerte de vous dire combien j'apprécie la faveur avec laquelle vous avez toujours examiné les propositions de mon Administration.

De l'aide empressée que vous me prêtez et qu'anime le souci de servir le plus utilement possible les intérêts généraux de Paris, je vous remercie à mon tour, car mes collaborateurs et mes services m'en voudraient si je ne profitais de la circonstance qui nous réunit pour vous assurer de toute notre reconnaissance et de tout notre dévouement.

C'est la première fois que j'assiste à l'une de ces fêtes de famille où vous célébrez, comme il convient, dans le cadre le plus approprié, un des événements les plus heureux de cette Maison commune, la remise de la médaille commémorative aux élus qui siègent ici depuis un quart de siècle.

Permettez-moi de vous dire combien je me réjouis d'être en ce jour parmi vous, combien ces réunions sont charmantes et touchantes dans leur simplicité et leur intimité. Elles révèlent la solidité des liens d'amitié qui vous unissent et la force des sentiments qui les resserrent, s'il se peut, chaque jour davantage.

Je m'associe de grand cœur, messieurs, à la joie que vous éprouvez à témoigner votre affection à trois de vos membres les plus anciens et les plus dévoués et je suis heureux de leur apporter à mon tour ma part bien sincère de vives et cordiales félicitations. *(Applaudissements répétés.)*

DISCOURS DE M. LEVÉE

Vice-Président du Conseil général.

MES CHERS COLLÈGUES,

NE craignez pas que je vous inflige un long discours. Aux affectueuses paroles que vient de vous adresser M. le Président du Conseil municipal, je ne devrais même rien ajouter, car il a dit tout ce qu'il fallait dire, et cela en des termes particulièrement heureux.

Je tiens cependant, en l'absence du Président du Conseil général, à associer l'Assemblée départementale au témoignage de haute estime et de sincère sympathie que mon ami M. Chassaigne-Goyon vous a donné et que vous avez si bien mérité.

Ce n'est pas à mes simples et modestes paroles, mes chers collègues et amis, qu'il faut attacher du prix : c'est au sentiment qu'elles traduisent, bien imparfaitement, je le sais, c'est-à-dire à la reconnaissance de l'Assemblée départementale que je représente actuellement ; comme je vous sais hommes de conscience et de cœur, je ne doute pas de la fierté que vous en éprouvez, fierté telle qu'il n'en est pas de plus légitime. *(Très bien !)*

Ardents et fidèles serviteurs de notre démocratie depuis vingt-cinq ans, vous avez eu ce long honneur de travailler tant au développement de la région la plus intéressante du pays, qu'au bien-être de sa population, dont la constance à vous maintenir parmi ses élus, en même temps qu'elle l'honore elle-même, est le meilleur gage qu'elle vous en sait dignes. *(Applaudissements.)*

C'est sa façon de récompenser les services rendus que de vous

17

obliger à lui en rendre encore et je ne crois pas me tromper en affirmant que vous ne demandez qu'à continuer.

Vous recevez aujourd'hui la médaille qui est, permettez-moi cette comparaison, celle de votre mariage avec nos Assemblées. Puisse cette triple union féconde se prolonger longtemps encore, pour le plus grand bien des électeurs que vous représentez et pour le plus grand plaisir de vos collègues. *(Vifs applaudissements.)*

DISCOURS DE M. ÉMILE WILLÈME

Président du Syndicat de la Presse municipale.

'AI le plaisir et l'honneur, messieurs, d'associer le Syndicat, et mes confrères de la presse municipale, à cette manifestation de sympathie qui — dans l'oasis du bureau de votre président, loin du champ clos où l'âpreté des discussions se donne libre cours — permet de témoigner à chacun les sentiments que le travail, l'énergie et la droiture inspirent à tous. *(Très bien !)*

Cette mission m'est d'autant plus agréable que j'ai assisté, si l'on peut dire, à la naissance municipale de ceux qui sont fêtés aujourd'hui, dans la salle des Prévôts, lorsque le chef du bureau des élections a prononcé après leur nom le mot si doux aux candidats : Élu.

Et, messieurs, la joie du moment s'augmente encore, pour mes camarades et pour moi, du fait que, si M. Chausse représente ici avec une grande dignité le parti des travailleurs, M. Bellan, avec une compétence indiscutée, le commerce et l'industrie, nous revendiquons M. Gay comme l'un des nôtres, un journaliste et un journaliste du petit village municipal.

Ce n'est pas sa profession qui l'a amené ici, car il n'en est pas sorti de cette profession et nous nous en félicitons, messieurs, par égoïsme tout d'abord, et pour notre pays ensuite. En effet, restant journaliste avant tout et quand même, M. Gay a recueilli, au cours des périodes héroïques que nous venons de traverser, des notes et documents qui seront indispensables aux historiens futurs.

En terminant, messieurs, permettez-moi de vous dire encore notre joie profonde de glorifier ici les représentants de Paris, si dignes de leurs mandats de nombreuses fois renouvelés, que sont MM. Chausse, Bellan et Gay. *(Vifs applaudissements.)*

LÉOPOLD BELLAN

DISCOURS DE M. LÉOPOLD BELLAN

Conseiller municipal.

Mon cher Président,

Mes chers amis,

Évidemment, je dois prendre la parole le premier, puisque — voyez comme tout est relatif ici-bas — me voici, aujourd'hui, devenu le benjamin.

Il y a quarante-huit heures, au milieu de mes orphelines, près desquelles ma présence était indispensable, puisque quatre d'entre elles faisaient leur première communion, j'avais les plus grandes autour de moi et la plus jeune sur mes genoux, et je pouvais m'exercer, tout comme Victor Hugo, dans *l'Art d'être grand-père*. Mais me voici maintenant rajeuni, bien que quelques-uns de mes collègues aient cru pouvoir me dire que j'avais vieilli de vingt-cinq ans. Certainement ces collègues se sont trompés.

Aujourd'hui je me sens plus jeune que jamais. En effet, mon cœur est tellement plein d'amour pour l'humanité tout entière que si la faculté de sentir et d'aimer est réellement un signe de jeunesse, comme je ne changerai jamais sur ce point, je suis bien certain de mourir très jeune.

Évidemment, je suis un peu ému, parce qu'en t'écoutant, tout à l'heure, mon cher Chassaigne-Goyon, je revivais mes vingt-cinq années de mandat ; je me revoyais tout frais émoulu entrer à l'Hôtel de Ville, n'ayant pour tout bagage politique que d'avoir défendu, avec acharnement, la candidature d'un homme que je

vois ici avec plaisir, que nous avons fait triompher alors et pour
lequel, du reste, tout le deuxième arrondissement avait la plus
grande affection. J'ai nommé Mesureur, actuellement Directeur de
l'Assistance publique.

Puis, à peine avais-je fait connaissance avec la maison, que
mes collègues ont fait de moi le Syndic de notre Assemblée. J'avoue
que là j'étais dans mon élément, j'y ai fait de la politique adminis-
trative, de la politique utile, utile à la Ville de Paris. Puis, je ne
sais comment, un jour, une mauvaise fée est venue me toucher du
bout de sa baguette et je me suis jeté dans la mêlée de la politique pure.

Comme tu l'as rappelé tout à l'heure dans ton beau discours,
je me suis efforcé de toujours agir d'accord avec ma conscience et
mes convictions. Mais, hélas, j'ai dû parfois lutter contre des
hommes pour lesquels j'ai la plus profonde affection et la plus
grande estime. Et alors, cela m'a causé un grand chagrin. J'ai
constaté que je n'étais pas à ma place et je suis arrivé à cette
conclusion que je devais certainement faire une autre politique
que celle-là.

Comme les fonctions de Syndic étaient admirablement remplies
par mon successeur Gay, et que je n'ai jamais songé, un seul
instant, à lui redemander son fauteuil, où, pendant près de dix
ans, j'avais fait tout mon devoir, j'ai senti le besoin d'étendre mon
champ d'action ; j'ai oublié les horions donnés à certains collègues
que j'aimais, ne me souvenant pas davantage de ceux que j'avais
reçus. Et alors, puisque ces quelques années passées à l'Hôtel de
Ville m'avaient appris à aimer profondément le peuple, je me suis
juré de me jeter corps et âme dans la mêlée, pour le défendre,
et d'adoucir, autant que faire se peut, ses douleurs physiques et
ses douleurs morales. *(Très bien ! Très bien !)*

C'est là ma nouvelle politique, celle que je considère comme
la meilleure : la politique humanitaire.

C'est pourquoi, mes amis, lorsque cette guerre est survenue,
mettant à la disposition des victimes l'œuvre que j'ai fondée il y
a trente-cinq ans et qui absorbera toute ma vie, j'ai créé, tout
d'abord, l'hôpital 87, où deux cent cinquante blessés ont été

journellement soignés. Cet hôpital fermera ses portes samedi et me laissera quelques loisirs.

Puis, j'ai éprouvé une grande douleur : j'ai perdu mon cher fils unique. Alors j'ai pensé aux enfants de ceux qui sont tombés là-bas, comme lui, et j'ai fondé l'Œuvre de protection des veuves et des orphelins de la guerre ; cette œuvre a secouru, depuis quatre ans et demi, 4,850 orphelins et 2,800 veuves. Ensuite j'ai fondé un premier orphelinat, l'orphelinat Mentienne, puis un second, l'orphelinat Jules Bache ; un troisième, l'orphelinat horticole, va s'ouvrir le mois prochain. Enfin le Gouvernement ayant indiqué que les mutilés de la guerre recevraient, jusqu'à la fin de leurs jours, de l'Assistance publique, les secours médicaux et chirurgicaux que nécessiterait leur état, j'ai pensé qu'il serait bon de faire quelque chose de spécial pour eux. Dans le quatorzième arrondissement, rue du Texel, j'ai institué une clinique avec un dispensaire, où les mutilés recevront des soins pleins de tendresse et de douceur, les soins que méritent les héros de cette guerre. *(Applaudissements.)*

Mon cher ami, mon cœur est toujours ici, même lorsque mes occupations m'appellent ailleurs, parce que cette maison est vraiment agréable à habiter ; elle est hospitalière au premier chef, on n'y rencontre que des visages amis, qu'il s'agisse de nos collègues ou des membres de l'Administration : qu'il s'agisse de M. Autrand, qui tout à l'heure s'excusait de n'avoir qu'un an de présence à la Préfecture, mais qui compte en réalité, comme il a pu l'ajouter très justement, parmi les vieux et fidèles amis de la Maison ; ou encore de M. Raux qui, lui, est un nouveau venu, mais qui a su par sa bienveillance, par sa gentillesse, par la générosité de son cœur, que j'ai pu apprécier dans certaines circonstances, se faire aimer à son tour et se faire pardonner d'être aussi tard venu : qu'il s'agisse aussi des Secrétariats des Conseils municipal et général ; qu'il s'agisse enfin de la Presse municipale, représentée aujourd'hui par mon ami Willème, son président, qui a remplacé cet excellent Déglise ; qu'il s'agisse, dis-je, de cette Presse municipale, que nous avons faite nôtre, qui fraternise avec nous, mais qui ne se met pas à plat ventre devant nous, qui nous adresse ses critiques avec tous les ménagements possibles, mais qui ne nous adresse pas moins des critiques souvent méritées.

Oui, qu'il s'agisse des uns ou des autres, je ne rencontre que des visages amis.

Messieurs, je vais m'arrêter parce que mes deux aînés — n'oubliez pas que je suis le benjamin — vont prendre la parole à leur tour, et il faut bien que je leur laisse une partie du temps que le Président nous accorde. Mais laissez-moi, avant de terminer, vous remercier de tout mon cœur de cette journée, si belle pour nous trois, et que je veux qualifier du nom de « Journée des accolades » *(rires)*, puisque le Président nous a embrassés tous les trois. Cette journée nous émeut un peu, vous le sentez à l'hésitation que j'éprouve à vous adresser ces quelques paroles. Mais, cependant, elle nous réconforte, elle nous fait réellement du bien, elle nous montre que nous avons ici des amis sûrs, et, sans des affections solides, que serait la vie ?

Et demain, nous rappelant avec attendrissement ce qui s'est passé aujourd'hui, nous reprendrons, tous les trois, nos modestes fonctions de conseillers municipaux ; nous nous mettrons, de nouveau, à la disposition de nos électeurs et de la Ville de Paris ; nous serons encore à la disposition de notre Président, chaque fois qu'il lui plaira de mettre notre dévouement à l'épreuve. Demain, comme hier, nous serons, ou plutôt, car je dois parler pour moi, mes amis le feront pour leur propre compte, je serai l'ami fidèle de tous mes collègues, sans aucune exception, sans aucune réserve. Et j'emporterai comme une belle récompense les paroles si chaudes et si éloquentes que tu m'as adressées, mon cher Chassaigne-Goyon, et je continuerai ma vie de dévouement en m'efforçant de réaliser ma devise : « Aimer le peuple, l'aimer profondément, connaître ses besoins, comprendre ses douleurs, pieusement se pencher sur ses infortunes et s'efforcer inlassablement de réaliser l'égalité devant le bonheur. » *(Applaudissements répétés.)*

EMILE CHAUSSE

DISCOURS DE M. CHAUSSE

Vice-Président du Conseil municipal.

MESSIEURS,

MES CHERS AMIS,

NCORE sous le poids des compliments et des paroles élogieuses qui ont été dits à mon adresse tout à l'heure, j'ai peu de chose à dire, sinon que je suis frappé et très touché de l'unanimité des marques d'amitié qui m'ont été témoignées par notre ami, le Président du Conseil municipal, ainsi que par M. Levée, au nom du Conseil général, par les représentants de l'Administration et par ceux de la Presse municipale.

C'est la preuve que la tradition de courtoisie et de cordialité n'est pas oubliée à l'Hôtel de Ville.

D'ailleurs, la vie municipale non seulement nous unit pour une œuvre commune, mais elle absorbe entièrement la personnalité de ceux qui y sont associés, elle leur procure des satisfactions que ne connaissent pas toujours ceux qui nous quittent pour une autre enceinte.

Ici il y a de la besogne pour tous ; les grands ténors y trouvent tout naturellement l'emploi de leurs facultés, mais les modestes travailleurs peuvent également y exercer leur activité et y rendre des services utiles pour la collectivité. Pour ma part — et beaucoup d'entre vous ont éprouvé aussi ce sentiment, j'en suis convaincu — dès que je suis entré dans cette Maison, j'ai considéré qu'elle était l'aboutissement de ma carrière et que j'y trouverais un champ d'activité suffisant pour mon ambition. Je ne souhaite qu'une chose, c'est que tous ceux qui entrent à l'Hôtel de Ville y trouvent les mêmes satisfactions que j'y ai rencontrées. Quelles que soient les différences d'appréciation qui, sur tel ou tel objet, peuvent marquer nos débats, on sort toujours d'ici, vainqueur ou vaincu, avec le sentiment du devoir accompli et le respect de soi-même et de ses camarades, ce qui fait qu'on n'est jamais aigri quand on est vaincu et qu'on n'est jamais arrogant lorsqu'on est vainqueur. *(Très bien !)*

J'ai été Président. J'ai cessé de l'être parce qu'il ne plaisait pas à l'Assemblée de me laisser à ce poste, mais j'ai conscience d'avoir conservé des droits à l'amitié de mes collègues et de l'Administration. *(Très bien !)* C'est le comble de mes vœux.

Mes chers collègues, en vous remerciant encore une fois, je fais le vœu que vous receviez tous aussi, un jour, à votre tour, la médaille des vingt-cinq années de services. *(Rires et applaudissements répétés.)*

ERNEST GAY

DISCOURS DE M. ERNEST GAY

Conseiller municipal.

MON CHER PRÉSIDENT,

Vous venez d'évoquer des relations qui datent de près de quarante ans — ce qui ne nous rajeunit guère — mais notre amitié est comme le bon vin de France : elle gagne en vieillissant.

Et tout de suite, vous me prenez par mon faible en rappelant un bien modeste devoir rempli avec les mobiles de la Dordogne qui, un moment, relevèrent le courage et les espérances de la France et ouvrirent la perspective de la délivrance de Paris, en décidant de la victoire de Coulmiers.

Vous n'oubliez pas, non plus, que mon livre sur la guerre de 1870-1871 fut couronné par l'Académie française. Je vous en remercie, car cela me permet d'affirmer ici que, très prochainement, dans mon nouveau livre en préparation, je crierai bien haut mon admiration pour Paris, en consacrant à son héroïsme la part qui lui est due.

Combien vous avez raison de dire que j'aime Paris ! Quand je me suis fait l'historiographe de notre Assemblée, je me suis efforcé de peindre nos collègues avec une plume imbibée d'encre sympathique. *(Rires.)* Ai-je réussi ? A peu près, je crois, et mieux, en tout cas, que le photographe qui ne sut pas donner à quelques-uns l'allure militaire avec la tête de penseur qui leur convient.

Oui, j'aime passionnément Paris, « jusqu'à ses verrues », comme écrivait mon grand compatriote Montaigne, et tant que je siégerai à l'Hôtel de Ville, je ne cesserai de réclamer une situation plus digne de lui et, comme vous le dites si bien, « les larges franchises bien dues à la maturité, à la fermeté, à la sagesse dont il a donné tant de preuves ». *(Bravos.)*

Comme Syndic, j'ai fait de mon mieux. Le Livre d'or était une création qui s'imposait. Ce fut avec le président Krüger qu'il fut inauguré. Depuis, les signatures illustres se sont multipliées, et si quelques pages sont déshonorées, la prochaine paix nous consolera d'avoir donné l'hospitalité à de « royales félonies » *(Très bien !)*

Quand vous faites allusion, mon cher Président, à certaines négociations délicates, mes souvenirs se reportent aux quelques semaines qui précédèrent la guerre. Comme vous, j'ai la conviction que nous servions bien notre pays en voulant réunir à Paris des municipalités étrangères qui n'étaient guère que les fourriers d'ententes utiles, et je suis non moins convaincu que vous « que Paris n'a pas médiocrement contribué à dissiper les malentendus ou les préjugés qui, jusque chez nos meilleurs amis, obscurcissaient le rayonnant visage de la France ». C'est là un point qui sera élucidé pour servir à l'histoire de notre Assemblée et de notre temps.

Je vous remercie du fond du cœur des vœux que vous formulez, en votre nom et au nom de tous nos collègues, pour ma santé. Que voulez-vous ? J'avais la nostalgie de l'Hôtel de Ville et il me tardait d'y reparaître. Mais laissez-moi vous dire, mon cher ami, que votre exemple est bien rassurant : là où a passé le président passera bien le conseiller de la Porte-Dauphine ! *(Rires.)*

Merci, aussi, pour la médaille. Ces petites fêtes de famille entretiennent l'amitié, la resserrent, et je fais des vœux pour que tous la reçoivent en récompense de leurs vingt-cinq ans de services. Quant à nous, Chausse, Bellan et moi, les seuls de la promotion de 1893, la mesure est bonne, car voilà plus de vingt-six ans que nous sommes entrés à l'Hôtel de Ville. Par ces temps de restrictions, c'était à noter ! *(Nouveaux rires.)* Nous ne nous en plaignons pas. Et la tradition continuera, prouvant ainsi que votre ancien Syndic ne sera jamais témoin de la faillite de sa création ! *(Applaudissements répétés.)*

Permettez-moi, messieurs, d'ajouter un mot à l'adresse de M. le Préfet.

Mon cher Préfet, comme vous, je considère que vous n'êtes pas d'hier à l'Hôtel de Ville. Il y a douze à quatorze ans que vous y êtes entré, et je suis certain que vous y resterez encore longtemps. La médaille vous attend et, en cet Hôtel de Ville, elle n'a jamais de revers.

Quant à vous, monsieur le Préfet de police, je vous remercie particulièrement d'être venu et des bonnes paroles que vous avez bien voulu m'adresser. C'est que nous avons eu des différends ; ils sont oubliés. *(Très bien ! — Rires.)*

Je remercie également le représentant de notre Assemblée départementale, mon ami Levée, dont les paroles me sont allées au cœur, et aussi les membres de la Presse municipale qui, par l'organe de leur président, ont bien voulu s'associer à cette petite fête et me rappeler que je suis des leurs. Il paraît que la Presse conduit à tout, à condition d'en sortir. Pour ma part, je n'ai jamais voulu la quitter et je m'honore, mon cher Willème, d'en faire toujours partie, bien que je sois une charge pour la Société du fait de la retraite que je touche depuis de longues années. Et, puisque la Presse municipale est, comme on l'a dit tout à l'heure, associée aux faits et gestes de l'Hôtel de Ville, je fais, en terminant, le vœu que la tradition que j'ai inaugurée en entrant ici se continue parmi vous. *(Applaudissements répétés.)*

A 5 h. 1/2, la cérémonie était terminée.